AF454887

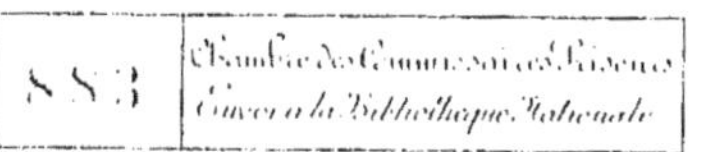

Vente du Mardi 5 Décembre 1899

HOTEL DROUOT, SALLE n° 8

ESTAMPES

ANCIENNES & MODERNES

DES ÉCOLES FRANÇAISES ET ANGLAISES DU XVIIIe SIÈCLE

Pièces imprimées en noir et en couleur

PORTRAITS, MODES & COSTUMES, CARICATURES

Estampes sur les Sports et les Vélocipèdes

PIÈCES HISTORIQUES

1899

Me MAURICE DELESTRE	M. PAUL ROBLIN
COMMISSAIRE-PRISEUR	MARCHAND D'ESTAMPES
5, Rue Saint-Georges, 5	65, Rue Saint-Lazare, 65

CATALOGUE
D'ESTAMPES
ANCIENNES ET MODERNES

PRINCIPALEMENT DES

ECOLES FRANÇAISES ET ANGLAISES DU XVIIIe SIÈCLE

Pièces imprimées en noir et en couleur.

PORTRAITS, MODES ET COSTUMES
CARICATURES

sur les Mœurs, sur Napoléon Ier et la Révolution.

PIÈCES HISTORIQUES

Estampes sur les Sports et les Vélocipèdes

DONT LA VENTE AUX ENCHÈRES PUBLIQUES AURA LIEU

HOTEL DES COMMISSAIRES-PRISEURS, RUE DROUOT, N° 9

Salle N° 8

Le Mardi 5 Décembre 1899

à deux heures précises.

Par le Ministère de Me **Maurice DELESTRE**, commissaire-priseur,

5, Rue Saint-Georges, 5.

Assisté de **M. Paul ROBLIN**, Marchand d'Estampes, 65, Rue Saint-Lazare, 65.

Paris. — 1899.

CONDITIONS DE LA VENTE

La vente sera faite au comptant.

Les acquéreurs paieront *cinq pour cent* en sus des prix d'adjudication.

M. PAUL ROBLIN, chargé de la vente, se réserve la faculté de rassembler ou de diviser les lots.

DÉSIGNATION

ADRESSES

1 — *Au Microscope*. Letellier. Ingénieur en optique et marchand Miroitier, gravé par J. Le Roy. Très belle épreuve.

2 — Armoiries de la famille Royale et du Dauphin. Trois pièces, gravées sur bois et coloriées (Imagerie populaire). Rare.

3 — Cartouches, adresses, ex-libris. Six dessins à la plume.

ALIX (P. M.)

4 — *Bernadotte*, d'après Hilaire Le Dru. In-fol. à la manière noire. Très belle épreuve, doublée.

5 — *Buffon*. Ovale in-4, imprimé en couleur.

ALMANACHS

6 — Les Respects et Soumission de l'Importante et Opulante ville de Strasbourg, représentés par cette belle dame prosternée devant Louis Le Grand, en présence de la Reine et de la Cour ; gravé par de Larmessin. 1682. Belle épreuve remargée.

7 — Les mois de l'année. Suite de 12 pièces in-18, gravées sur bois par Papillon, 1726. Belles épreuves.

8 — Calendrier perpétuel. Gravure sur bois. 1813.

ANONYME

9 — *Freudenberger* (S.). In-8. Belle épreuve à toutes marges.

10 — Tombeau de J.-J. Rousseau, dans l'Ile des peupliers. In-4. Très belle épreuve avant toutes lettres, imprimée en bistre. Rare.

BALLONS (Pièces sur les)

11 — *Blanchard.* — *Arago.* — *Charles.* — *Montgolfier* (Les frères). — *Pilatre des Roziers.* Estampes diverses. Quinze pièces, une est à l'eau-forte pure.

BAR et **CHATELET**

12 — Le Bain de Village, d'après Fr. Boucher. Belle épreuve en bistre. Marges.

BARTOLOZZI (Fr.)

13 — Their Graces The Duke and Duchess of Marlborough and Lord Francis Spencer their Son, d'après Shelley. In-8. Belle épreuve imprimée en bistre. Marges.

14 — Cléone, d'après Ang. Kauffman. Belle épreuve à la sanguine. Marges.

15 — Cupid's at Play, d'après Cipriani. Belle épreuve en couleur. Marges.

16 — Titre pour : Cipriani's rudiments of Drawing. — Billet d'entrée : For the benefit, of Mr Pacchierotti. Deux pièces.

BENOIST (A.)

17 — Portraits de Louis le Grand, gravés suivant ses différents âges. 1714. In-fol. Belle épreuve avant la lettre.

BERVIC (Ch. Cl.)

18 — *Sénac de Meilhan*, d'après Duplessis. In-folio. Belle épreuve avant la lettre. (Raccommodages dans la marge du bas).

BOILLY (d'après L.)

19 — 1re Scène de Voleurs. — 2e Scène de Voleurs. Deux pièces faisant pendants, gravées par Gror. Très belles épreuves en couleur. Grandes marges.

20 — La comparaison des petits pieds, gravé au pointillé par G. F. Cock, 1796. Belle épreuve imprimée en bistre, à toutes marges.

21 — Suite de la douce impression de l'harmonie, par Wolff. Belle épreuve.

BOITES (dessus de)

22 — Sujets gracieux, allégories, par Bartolozzi, Roger, Copia et autres. Vingt-trois pièces en noir et en couleur.

23 — Sujets galants, par Le Cœur, B. Picart, Sadeler, etc. Quatorze pièces, une est en couleur.

24 — Le Sabbat. — La Tentation de Saint Antoine. Deux pièces rondes, gravées par le comte de Paroy. Belles épreuves en couleur.

BOIZOT (d'après)

25 — Scènes de l'histoire Romaine. Deux pendants gravés par Clément et Copia. Belles épreuves avant la lettre imprimées en couleur. Grandes marges.

BOLT (F.)

26 — Fikette. In-8. Belle épreuve.

BONNART

27 — *Louis XIV*. — *Anjou* (Duc d'). Deux portraits en pied. Epreuves coloriées (la marge du bas est coupée).

BONNET (L.)

28 — La petite Lessive (58). — Les dénicheurs d'oiseaux. — Vénus au bain. — La Laveuse. Quatre pièces à la sanguine, d'après Fr. Boucher. Belles épreuves.

29 — Le Bain. — La Toilette. Deux pièces faisant pendants d'après Jollain. Epreuves en couleur. Sans marges.

BOREL (d'après Fr.)

30 — La Correction inutile, gravé par François. Belle épreuve à la sanguine.

BOUCHER (d'après Fr.)

31 — L'Hymen et l'Amour, par Beauvarlet. Très belle épreuve.

32 — Vénus désarmant l'Amour. Belle épreuve avant la lettre, montée en dessin.

BRETON (à Paris chez Mme)

33 — Friendship, ovale in-8. Belle épreuve à la sanguine.

BRY (Th. de), **DELAUNE** (Et.)

34 — Fonds de coupe. Emblèmes avec fruits et oiseaux, etc. Sept pièces. Très belles épreuves.

CALLOT (Jacques)

35 — Le Passage de la Mer Rouge (Meaume 1), 1er Etat. — Les Mystères de la Passion (34-36). Trois pièces.

36 — Le Martyre des Apôtres (M. 120-135). Suite de seize petites pièces. Belles épreuves avec les numéros.

37 — Les Fantaisies. (M. 868 2e Etat, 872 et 878 1er Etat). Belles épreuves.

CARICATURES

38 — L'Auteur applaudi. — L'Auteur sifflé. Deux pièces coloriées.

39 — Admirable effet de la vaccine. Belle épreuve coloriée.

40 — Le Parfait Royaliste, le 31 mars 1814. — Le Coucher de la basse-cour. — Le Marché conclu ou la capitulation. — L'auteur affamé. Quatre pièces coloriées. Belles épreuves.

41 — Les Royalistes visitant les travaux de Montmartre (an 1815). Belle épreuve coloriée. Rare.

42 – L'Antigone moderne — Vive le Père la Violette ou je te coupe la musette. — Les Journaux en mai 1815. — Eh vite! Eh vite! Sortez de votre Gand, passons la Manche, voici les braves. — L'Ecole de Cinq-Sires, ou le Grenadier précepteur. — Le Gâteau des Rois tiré au Congrès de Vienne en 1815. Six pièces coloriées. Belles épreuves (une est en noir).

43 — Le Poupard Anglo-Français haranguant son état-major, le 19 mars 1815. — Le Conseil de famille. — C'est la Casquette à Papa. — Le Don Quichotte du Midi. — Le Lis confessant la Violette. — Cinq pièces coloriées. Belles épreuves.

44 — Le Départ des Quatre Fils Aymon. — Cette liberté l'emporte malgré nous. — L'Agitation de 1819 marchant !!! Trois pièces coloriées. Belles épreuves.

45 — Ah ! comme ils me font aller !!! — Vœu des Royalistes, ou la Seconde entrée triomphante. — Il revient plus

puissant que jamais. — Le moment fatal approche. — La Colère, ou le Vilain enfant gâté grondé par sa gouvernante. Cinq pièces coloriées. Belles épreuves.

46 — Le Peuple sous l'ancien régime. — Les Aspirants au service, ou les Militaires impromptus. – Je le mets en bas. — Jugement dernier. — Les extrêmes se touchent. — Bonne prévoyance de M. de Blacas. Six pièces coloriées (une est en noir).

47 — Réveil de M. de la Jobardière. — Le Zélé défenseur. — Monseigneur de Parchemin. — Journal de l'Empire ou des débats suivant les événements. — Une Plume et l'Hôpital !!! — Le Gobe-Mouche. – Le Cheval lié de Cinq Louis. Sept pièces coloriées. Belles épreuves.

48 — Productions de l'éteignoir du bon sens. — L'Espoir chimérique de M. La Flamberge. — Le retour en Angleterre. — Désespoir de M. le Marquis de Décline-en-Cour. — M. Dargencourt. — M. de la Jobardière. Six pièces coloriées. Belles épreuves.

49 — Partez, muscade. — La Giboulée de mars. — Voltigeurs de Louis XVIII, Dragon et Grenadier de Napoléon. — Le Journal Royal est mort d'indigestion (2 épr.). — Les Parisiens volontaires, ou qui l'aime me suit. Six pièces coloriées (une est en noir).

50 — Tout passe, tout s'éteint, tout fuit avec le temps !!! — Il est arrivé, sauvons-nous. — Le Coup de griffe, ou prenez-la comme vous voudrez. — Quand on a trop pris, il faut rendre. — L'Emballement des Gens-bons pour Londres. Cinq pièces coloriées. Belles épreuves (une est en noir).

51 — Le Déshabillé. — Revue des officiers généraux devant commander les Volontaires Royaux à Vincennes. — La Parade. — Ils disent que j'ai perdu ma couronne et je l'ai dans ma poche... — Le Désespoir de Gros Louis. — La Mauvaise charge. Six pièces coloriées. Belles épreuves (deux sont en noir).

52 — Exercice du Royal Eteignoir. — Hé ! Hé ! Vite, Vite, Hé ! Vite, il arrive. — Les Amours du Prince Lagobe. — Serment des nouveaux Horaces. — Le Surnuméraire de mars 1815. — La petite Croisade de 1815, ou la Revue des Bambins. Six pièces coloriées. Belles épreuves.

53 — Monsieur Tout-à-tous, ou le modèle de reconnaissance Congrès de Vienne (M. de Talleyrand). — Entrera-t-il, n'entrera-t-il pas? (Enterrement de Mlle Raucourt). — A bas la Calotte !!! — Le Printemps, ou le retour de la Violette. — Argent bien placé ! Cinq pièces coloriées. Belles épreuves.

54 — Promenade au Palais-Royal. — Ma tante Urlurette. Deux caricatures coloriées sur Cambacérès. Belles épreuves.

CHAPLIN (d'après)

55 — L'Age d'or, fac-simile d'aquarelle. Très belle épreuve du 1er tirage.

CHEMINS DE FER (Pièces sur les)

56 — Jeu du chemin de fer. Image populaire publiée à Metz. Epreuve coloriée.

57 — Chemin de fer de Saint-Pétersbourg à Pavloocki, gravé par Martens. Belle épreuve avant la lettre.

CHENU

58 — *Favart* (Mme), d'après Garand. Très belle épreuve avant la lettre. Marges.

CHEVERY (Fme).

59 — La Récompense attendue. — Les désirs réciproques. Deux pièces in-4, d'après Monnet et Marillier. Très belles épreuves, une est avant la lettre.

CHOFFARD (P.-P.)

60 — Cahier de fleurs, d'après Bachelier. Six pièces in-4. Belles épreuves.

61 — Vignette tête de page, avec sphère et attributs de la musique. Epreuve à l'eau-forte pure, toutes marges.

CIPRIANI (d'après B.)

62 — La Comédie. — La Tragédie. Deux pièces par W. Ryland. Belles épreuves avant la lettre, marges.

COCHIN le fils (Ch. Nic.)

63 — Son portrait en médaillon, gravé par B. L. Prévost. Très belle épreuve, grandes marges.

64 — *Gaussin* (Mlle) dans l'*Oracle*. Vignette tête de page. Très belle épreuve avant le texte au verso. Rare.

65 — *Pompadour* (Mme la Marquise de). Vignette frontispice pour un ouvrage de géographie. In-8, d'après Natoire. Deux épreuves, dont une de premier état.

66 — — Le même portrait. Très rare épreuve à l'eau-forte pure.

COCHIN LE FILS (d'après C. N.)

67 — *Favart* (Mme), actrice. In-8, par J.-J. Flipart. Deux épreuves, dont une avant la pagination.

68 — — Le même portrait Très rare épreuve à l'eau-forte pure.

COMMARIEUX

69 — Ah ! s'il y voyait !..., d'après Vincent. Epreuve coloriée.

COSTUMES ET MODES

70 — Album contenant cent douze pièces. Costumes de modes et coiffures de 1791 à 1795. Epreuves coloriées.

71 — Voiture attelée de quatre chevaux, gravé par Duhamel, d'après Pujin. Epreuve coloriée.

72 — Bressanne. — Ecossais, chef de Clan. -- Femme d'Ischia. — Modes Louis XVI. — Le Coucher, etc. Sept pièces par Deveria, Duhamel, etc. (Une pièce est à l'eau-forte pure).

73 — Costumes de personnages célèbres. Modes parisiennes, etc., dessinés et gravés à l'eau-forte par Pauquet. 103 pièces coloriées.

COSWAY (d'après R.)

74 — Europa, par J. B. Smith à la manière noire. Belle épreuve. Marges.

DEBUCOURT (P. L.)

75 — *Louis XVIII*. d'après Béra. Deux épreuves de différents tirages.

76 — Ah quel vent ! (Modes et manières du jour n° 16). Belle épreuve coloriée.

77 — Berceau de Paul et Virginie. - Les premiers pas de Paul et Virginie. Deux pièces faisant pendants. Belles épreuves imprimées en bistre. Marges.

78 — La soif de l'or, d'après P. P. Prud'hon. Belle épreuve.

79 — Etude de femme nue ; gravé d'après un croquis de Prud'hon. Belle épreuve en bistre.

80 — Marchand de Vin des environs de Rome, d'après C. Vernet. Belle épreuve en couleur.

81 — Retour des champs, d'après C. Vernet. Belle épreuve en couleur.

82 — Costumes Polonais 1817, d'après Norblin ; titre et vingt-quatre planches en couleur, in-4, dem.-rel. maroq. vert avec coins, n. rog.

83 — Lanciers Polonais en cantonnement, d'après C. Vernet. Belle épreuve, doublée.

84 — La croix d'honneur ; in-fol. à la manière noire. Belle épreuve.

85 — On n' passe pas, d'après Charlet. Belle épreuve sur papier de chine.

86 — Isvoschtschik en course. — Ligne. — Kibitki d'été. — Kibitki d'hiver. — Suite de quatre pièces d'après M. F. Damame de Martrait. Belles épreuves imprimées en couleur, marges.

87 — Les femmes russes prêtes à monter en traîneau. — Le Quibitka d'hiver, ou voiture de voyage russe. — La Ligne, ou voiture de campagne russe. — Le Drochki, ou la voiture publique d'été. — Quatre pièces d'après M. F. Damame de Martrait. Belles épreuves.

88 — La Course, d'après C. Vernet. Belle épreuve, (petit raccommodage).

89 — Cheval qu'on bouchonne au retour d'une course, d'après C. Vernet, gr. in-fol. en larg. Très belle épreuve avant la lettre, et avec les noms d'artistes tracés à la pointe. Marges.

90 — Chevaux au verd, d'après C. Vernet. Belle épreuve.

DELACROIX (Eugène)

91 — Tigre couché, eau-forte in-8 en larg. (M. 9). Epreuve avec l'adresse de Delâtre.

DEMARTEAU (G.)

92 — Bergère tenant une houlette. — Femme dansant. Deux pièces in-4 à la sanguine d'après H. Fragonard. (Fragments de principes du dessein d'après différents maîtres. Livre quatrième). Très belles épreuves. Rare.

93 — Tête de femme (8). — Jeune femme tenant un enfant (55). — Jeune fille penchée en avant (101). — La Peinture (136). — Fontaine et enfants (216). — Cinq pièces à la sanguine d'après Fr. Boucher. Belles épreuves.

94 — La Jardinière, d'après Fr. Boucher (54). Belle épreuve à la sanguine, marges.

95 — La même estampe. Très belle épreuve, grandes marges.

96 — Autel de l'Amitié, d'après Fr. Boucher (75). Très belle épreuve à la sanguine du 1er état, avant toutes lettres. Grandes marges.

97 — Jeune Bergère (146). — Bergère assise (163). — Vénus couchée et Amour. — Danseuse au tambourin (232). Quatre pièces à la sanguine d'après Boucher. Belles épreuves.

98 — Sujet de femmes, d'après Fr. Boucher (550). Belle épreuve aux crayons de couleur.

DELVAUX (R.)

99 — *Sévigné* (Marie de Rabutin Chantal, Mise de) ; in-18, d'après Nanteuil. Très belle épreuve.

DENY (à Paris, chez)

100 — Le Verrou ou la sûreté des amants. — Le Rendez-vous de chasse. Deux pièces ovales faisant pendants ; épreuves gouachées. (Mouillures).

DIVERS

101 — Album des Salons. Recueil de vingt lithographies par Charlet, Gavarni, David, Devéria, etc., in-4, cart.

102 — Vues, Frontispices, Lithographies, Costumes militaires. 25 p. en noir et coloriées.

103 — Eaux-fortes modernes, par Rajon, Waltner, Millet, Goya, Ed. Yon, C. Duran, etc. 16 p., plusieurs sont avant la lettre ou en épreuves d'artiste.

104 — Estampes chinoises et japonaises. 24 p.

105 — Sujets galants. Vénus. Portraits de femmes. 21 p. par ou d'après Prud'hon, Saint-Aubin, Gravelot, Nattier, Vleughels, Jeaurat, etc.

DORGEZ

106 — Les Charmes de la Vie Champêtre. Epreuve coloriée.

DREVET (Pierre)

107 — *Desjardins* (Mme). Epouse du Seulpteur (D. 38). Belle épreuve. Marges.

DREVET (Pierre Imbert)

108 — *Tressan*, archevèque de Rouen (D. 32). Très belle épreuve avant la lettre. Grandes marges.

EARLOM (Richard)

109 — A Concert of Birds, d'après Mario de Fiori. Belle épreuve. Grandes marges.

ÉCOLE ANGLAISE

110 — La Beauté. — Sophonia. — L'Amour et Psyché. — Le Plaisir liant les ailes de l'Amour, etc. Six pièces en noir et en couleur.

111 — Trois têtes de jeunes femmes sur la même feuille. Epreuve non terminée, les figures imprimées en couleur.

ECOLE FRANÇAISE DU XVIIIe SIÈCLE

112 — Le Précepteur femelle. In-4. Belle épreuve.

EDELINCK (N.)

113 — *Sévigné* (Marie de Rabutin Chantal, marquise de), d'après Nanteuil. In-8. Belle épreuve avec le trait d'union, remargée.

EISEN (d'après Ch.)

114 — La Gageure des trois Commères. — Promettre est un et tenir c'est un autre. Deux pièces par Le Grand et Tardieu.

115 — Promettre est un. In-4 ovale. Belle épreuve en couleur. Rare.

116 — Le Matin. — Le Midy. — Le Soir. — La Belle Nourrice. Quatre pièces par de Longueil. Belles épreuves.

FICQUET (Et.)

117 — *Maintenon* (Françoise d'Aubigné, marquise de), d'après Mignard. In-8. Belle épreuve.

FRAGONARD (d'après H.)

118 — Les jets d'eau. — Les pétards. Deux pièces faisant pendants. *A Paris, chez Alibert.* Belles épreuves à toutes marges.

FREUDEBERG (d'après S.)

119 — Le Bain, par Romanet, 1774. Très belle épreuve avant la lettre, avec la tablette entièrement blanche, et les noms des artistes tracés à la pointe, (sans marges et doublée).

120 — Le Lever, par Romanet, 1774. Très belle épreuve avant le numéro, avec la lettre et la tablette blanche. Petites marges (doublée).

GAUCHEREL (Léon).

121 — Baie de Naples, d'après Galofre. Belle épreuve avant la lettre sur papier du Japon.

GELLÉE (Claude) dit le **LORRAIN**

122 — Le Pâtre et la Bergère (R. D. 25). — Les quatre chèvres (27). Deux pièces. Belles épreues.

GOUY (A. M. de)

123 — Le Passe temps. Petit médaillon imprimé en couleur. Belle épreuve.

GRAVELOT (d'après H.)

124 — Le Lecteur, par R. Gaillard. Très belle épreuve à l'eau-forte pure. Grandes marges.

GREEN (d'après R.)

125 — The Bathing place, Ramsgate, par V. Green et F. Jukes. Belle épreuve imprimée en bistre. Grandes marges.

GREUZE (d'après J.-B.)

126 — L'Accordée de Village, par Jazet. Belle épreuve. Grandes marges.

127 — Thaïs, ou la belle pénitente, par J.-C. Levasseur ; épreuve encadrée.

GUYOT

128 — L'Offrande à l'amour, médaillon pour dessus de boîte, d'après Dutailly. Epreuve en couleur.

HALBOU, PRUNEAU, VORSTERMANN

129 — *De Troy* (J.-Fr.). — Portrait de femme. — *Malherbe* (Fr. de). Quatre portraits in-8 et in-4. Belles épreuves.

HUET (d'après J.-B.)

130 — L'Amant écouté, par Bonnet. Belle épreuve avant la lettre, imprimée en couleur, marges (légère restauration).

131 — L'Eventail cassé, par Bonnet. Très belle épreuve en couleur, marges.

132 — La Fidélité couronne l'Amour. — L'Innocence reçoit de l'Amour deux colombes pour exemple de douceur et de fidélité. Deux pièces faisant pendants gravées par F.-J. Wolff. Epreuves coloriées.

JANINET (Fr.)

133 — *Raucourt* (Mlle), in-8 en couleur. Très belle épreuve avant la lettre.

134 — Les Sentiments de la Nation, d'après J.-B. Huet. Très belle épreuve en couleur, petites marges.

135 — Deux portraits de femmes. Profils se regardant, gravés à la manière de lavis sur la même planche. Très belle épreuve légèrement rehaussée de couleur (non décrit), très rare.

136 — Adam et Eve. — La mort d'Abel. Deux pièces in-fol. en larg. d'après Le Barbier. Superbes épreuves imprimées en couleur, la première, avant toutes lettres, la seconde, tirée avec cache, à toutes marges.

JAZET

137 — L'Eté, d'après Martinet. Belle épreuve en couleur, grandes marges.

JONES (d'après S. J. E.)

138 — Horses Going to a Fair, par W. Fellows. Très belle épreuve en couleur, grandes marges.

139 — Stabling, par G. Hunt. Très belle épreuve en couleur, grandes marges.

KAUFFMAN (d'après Angelica)

140 — Porrigit hic veneri lucida dona Paris, par G.-W. Ryland. Très belle épreuve à la sanguine, grandes marges.

KLENGÉ

141 — Diane et Endymion. — Hercule et Omphale. Deux pièces faisant pendants, d'après Zernelli. Belles épreuves en couleur.

LAVREINCE (d'après N.)

142 — Ah! laisse-moi donc voir, par F. Janinet (E. B. 2). Superbe épreuve en couleur, grandes marges.

LE BAS (J. Ph.)

143 — L'Alliance de Bacchus et de Vénus. — Le Matin. — Le Midy. — Départ pour la Chasse. — L'Officier galant. — Vivandières de Brest. Six pièces, d'après Coypel, Parrocel et Pater. Belles épreuves.

LE BLOND (Jehan)

144 — *Chevreuse* (D^{sse} de). — *Guimenay* (P^{sse} de). Deux portraits in-4°.

LE CLERC (Sébastien)

145 — Réduction de la Ville de Marsal, en Lorraine, par le Roy Louis XIV, l'an 1663. Belle épreuve.

LEGRAND (Aug.)

146 — *Rousseau* (Jean-Jacques), ou l'Homme de la nature; in-fol. Belle épreuve à toutes marges.

LEMPEREUR (L.)

147 — *Le Comte* (Marguerite), d'après Watelet, in-4. Belle épreuve.

LEU (Th. de)

148 — *Bar* (Hanry de Lorraine, duc de) et Mis de Pontx (R. D. 307). — *Caron* (Anthoine). Deux portraits in-8 et in-4.

LÉVEILLÉ (J. Aug.)

149 — Age d'Or. — Age d'Argent. Deux pièces faisant pendants, d'après Le Barbier. Très belles épreuves en couleur. Marges.

LORRAIN (d'après)

150 — La Chose impossible, par Sornique. Belle épreuve.

LOUIS XVI ET MARIE-ANTOINETTE (pièces sur)

151 — *Louis XVI*, Roy de France ; in-4, d'après L. S. Boizot. Belle épreuve.

152 — *Marie-Antoinette d'Autriche.* Ovale in-4, d'après Césarine F... Très belle épreuve en couleur, marges.

153 — *J'en ferai un meilleur usage et je sçaurai le conserver* (caricature sur Louis XVI et sa famille). Belle épreuve coloriée.

154 — *Il jette à ses pieds ce qu'il tenait dans ses mains* (caricature de Louis XVI et Louis XVII) ; in-4, à la manière de lavis. Belle épreuve.

MADAN (d'après)

155 — Ophélia, par Gouisson. Très belle épreuve imprimée en couleur à toutes marges.

MALLET (d'après)

156 — Par ici !... — Chit ! Chit !... Deux pièces faisant pendants, gravées par Copia. Très belles épreuves, marges.

MARCUARD (Elève de Bartolozzi)

157 — Summer amusements. 1787. In-4. Belle épreuve en bistre. Marges.

MARIETTE (P. J.)

158 — *Crozat* (M. l'abbé). In-8, d'après le dessin de Mlle Doublet. Très belle épreuve. Marges.

MASSON

159 — *Le Nostre* (André), d'après Carle Marat. Belle épreuve.

MEYER (H.)

160 — *Devonshire* (Georgina Duchess of), d'après Gainsborough. Belle épreuve.

MILLER (d'après)

161 — Animal affection, par Bonnefoy. Belle épreuve. Marges.

MOREAU LE JEUNE (J. M.)

162 — Le Bal Masqué. — Le Festin Royal. Deux pièces faisant pendants. Belles épreuves d'un ancien tirage. Grandes marges.

MOREAU LE JEUNE (d'après J. M.)

163 — Couronnement de Voltaire sur le Théâtre Français, le 30 mars 1778, après la sixième représentation d'*Irène*, par Gaucher. Très belle épreuve avant les armes et la dédicace à la Marquise de Villette.

MORLAND (d'après G.)

164 — Constancy, par Bartolotti. Belle épreuve imprimée en bistre.

165 — Louisa. Deux pièces faisant pendants, gravées par Augustin Le Grand. Belles épreuves. Marges.

166 — The fair penitent, par Bartolotti. Belle épreuve imprimée en couleur. (La marge est coupée sur un côté).

NAPOLÉON (Pièces sur)

167 — Cérémonie du Sacre. Lithographie in-folio, sans noms d'artistes, et avant toutes lettres. Marges.

168 — Seconde vue du Champ-de-Mai et de la prestation du Serment par les troupes, gravé à la manière noire par Alix, d'après Martinet. Belle épreuve.

169 — Je fume en pleurant mes péchés. — Les habitants de Sainte-Hélène prennent la fuite à la vue de leur nouveau souverain. — C'est à qui n'en veut pas, même jusques aux rats. — Pied de l'Ermite de l'Ile Sainte-Hélène. — Le nouveau Robinson de l'Isle de Sainte-Hélène. Cinq caricatures coloriées. Belles épreuves.

170 — Le jour de barbe. — Messieurs, avec quels rasoirs me faites-vous la barbe? Sire, rasoir anglais. — Testament de Buonaparte. — Le Génie de la France renversant le grand éteignoir impérial. Quatre caricatures coloriées. Belles épreuves.

171 — Nicolas cœur de tigre. — Le Général Jacot ayant juré qu'on ne l'emmenerait pas vivant à Ste-Hélène ce décide enfin à ce couper la gorge. — Le tigre enchaîné. — Le dernier élan d'un grand homme. Quatre caricatures coloriées. Belles épreuves.

172 — Conduite Impériale. — Enfin Bonaparte met à exécution son projet de descente en Angleterre. — Cinquième et dernier tour de passe-passe, ou le grand escamoteur escamoté. — La grosse caisse de l'Europe. — Dieu soit loué! le diable l'emporte. Cinq caricatures coloriées. Belles épreuves.

173 — Les hommes à tout vent. — Origine de l'étouffoir impérial. — La ruine de fabricant de cire!!.. — Le Déjeuner impérial, ou gare le réveil du Grenadier français, Quatre pièces coloriées. Belles épreuves.

174 — L'Ecolier battant la retraite devant son maître. — Le Tyran démasqué. — Ils viennent se brûler à la chandelle. — Dernier effort du nain jaune pour soutenir Nicolas. — Le nec plus ultra du cannibalisme. Cinq pièces coloriées. Belles épreuves.

175 — La Lumière du XVIIIe siècle. — Je jure que ça sent la violette. — Et l'on revient toujours à ses premiers amours. — Ah! mon dieu papa, comme tu es rempli de poux. Mon fils, ce sont des fédérés. Quatre pièces coloriées. Très belles épreuves.

176 — La bonne charge!! — Arrivée de Nicolas Buonaparte aux Tuilleries le 20 mars 1815. — Les préfets et les maires l'ont regardé passer. Trois caricatures coloriées. Belles épreuves.

177 — La ménagerie de la rue Impériale. — Le jour de barbe, ou la mine allongée. — Bonaparte avec un pied de nez. — Une Visite de l'Ile d'Elbe ou l'embarras de la toilette. Quatre caricatures coloriées. Belles épreuves.

NEWTON (J.)

178 — The Herdsman, d'après Zuccharelli. Belle épreuve.

PARIS (Estampes sur)

179 — La perspective du Pont Neuf de Paris, par Step. Della Bella. 1646. Belle épreuve, doublée.

180 — L'Embaras de Paris (Le Pont-Neuf veu du côté de la rue d'Auphine), gravé par N. Guérard, in-4. Belle épreuve.

181 — Portrait de Jean Ramponaux avec la vue de son cabaret, pièce gravée à l'eau-forte et publiée chez Parvillée. Très belle épreuve avec marges.

182 — Plan perspectif de l'Ecole Royale militaire, levé et dessiné d'après nature par de Lespinasse en 1777. Belle épreuve.

PATER (d'après J.-B.)

183 — La Danse, par Filloeul. Belle épreuve.

PICART (Bernard)

184 — Son portrait gravé par lui-même, à 25 ans. Très belle épreuve.

PICOT (V. M.)

185 — Summers Evening, d'après Loutherbourg. Belle épreuve imprimée en couleur. Marges.

186 — Vénus and Cupid, d'après Zuccarelli. Très belle épreuve. Marges.

PIÈCES HISTORIQUES

187 — La mort du Roy Henry deuxième, aux Tournelles à Paris, le X juillet 1559. Planche 4e de la suite de Tortorel et Perissin. Très belle épreuve.

188 — Massacre de Henry le Grand, Roy de France, par François Ravaillac le 14 may 1610, gravé par G. Bouttats. Belle épreuve.

189 — Les drapeaux brûlés (21 avril 1814). Gravure à la manière noire publiée chez Martinet.

190 — Entrée solennelle de S. M. Charles X, Roi de France et de Navarre, dans Paris après la cérémonie du Sacre. Lithog. in-fol. Lœillot fecit 1825. Belle épreuve.

191 — Siège et bombardement d'Alger par l'armée française. Lithographié à Toulon d'après le dessin de M. L. F. G., ex-aspirant de marine. Epreuve coloriée.

PIGAL

192 — Scènes de Société. Onze pièces coloriées. Epreuves à grandes marges.

PILLEMENT (d'après J.)

193 — La grange, par Wm Scherlock. Belle épreuve.

POLLARD (R.)

194 — Bacchanalian sports, d'après Zuccarelli, in fol. Belle épreuve imprimée en bistre, marges.

PRÉVOST (B.-L.)

195 — *Orléans* (Louis-Philippe d'), père de Philippe-Egalité. Vignette tête de page ; très belle épreuve avant la lettre, à toutes marges.

PRUD'HON (d'après (P.-P.)

196 — *Talleyrand-Périgord* (S. A. S. de), Prince de Bénevent. Manière noire in-8. Très belle épreuve.

197 — Le Christ portant la croix, par B. Roger. Très belle épreuve avant la lettre, grandes marges.

198 — La Grotte, par B. Roger. Très belle épreuve avant la lettre, marges.

199 — La Liberté, par Copia. Belle épreuve.

RÉVOLUTION (Pièces sur la)

200 — Prise de la Bastille ; in-fol. en larg., imprimée en bistre et publiée chez Basset. Belle épreuve.

201 — Prise de la Bastille, le 14 juillet 1789 ; dessiné et gravé par C. Thévenin. Belle épreuve.

202 — Vue de la Bastille, gravé par Borgnet, d'après Gudin. Quatre épreuves avant la lettre, à toutes marges.

203 — *Mirabeau* (Mis de), gravé à la manière noire, par Bounieu. Très belle épreuve avant toutes lettres, à toutes marges.

204 — Députés de l'Assemblée nationale de 1789, publiés par Dejabin. 234 p., plusieurs sont rares.

205 — Députés et généraux, gravés par Fiesinger, d'après Guérin, 18 p. in-8, en noir et en bistre (quelques doubles).

206 — Le Conseil Electoral (Emigrés 1791). Caricature coloriée. Belle épreuve.

207 — Chevalier du Poignard désarmé par ordre du Roi, au château des Thuilleries, le 28 février 1791. Belle épreuve coloriée, à toutes marges. (Pièce intéressante, avec portrait de Lafayette).

208 — Trois têtes sous l'même bonnet. — Révolution et promulgation de la Constitution polonaise, 3 mai 1791. Deux pièces, dont une imprimée en bistre.

209 — Dévouement de Loiserolles, 26 juillet 1794 ; d'après Fragonard. — Assassinat de J. P. Marat, d'après Swebach. — Desfontaines. Deux pièces. Belles épreuves.

210 — A solde de papier, soldat de papier. — Le *Mea culpâ* de l'Ambassadeur de Mme de Stale. Deux pièces ovales, gravées à la manière noire.

211 — L'Onguent national. — Le Déménagement du clergé. — Né pour la peine. — Confédération nationale au Champ-de-Mars, à Paris, le 14 juillet 1790. Cinq pièces coloriées (une est en noir).

212 — Bataille de Marengo. — Bataille de Hohenlinden. — Evacuation de la Hollande. — Bataille de Montebello. — Bataille et Prise d'Alexandrie. — Prise de Malte. — Bataille d'Héliopolis. — Prise de la Ville de Venise. — Entrée de l'Armée Française dans Rome. Neuf pièces in-fol., gravées par Le Beau et autres. Bonnes épreuves.

213 — Prise de Naples, le 2 pluviôse, an VII. — Bataille du Montabor. Trois pièces, par Massard et Duplessis (une est à l'eau-forte pure).

214 — Bataille d'Aboukir ; en Egypte ; pièce coloriée, publiée chez Basset.

215 — Victoire d'Aboukir, in-fol., par Bovinet, d'après Lejeune. Belle épreuve.

RIGAUD (J.)

216 — Vues des bosquets du Jardin de Versailles. Suite de 12 p. — Diverses vues du Château de Versailles. Suite de 12 p. — Vues de Paris. 20 p. Ensemble 44 pièces réunies en cahier. Très belles épreuves du 1er tirage à grandes marges.

ROSASPINA (Fr.)

217 — *Bodoni* (J. B.), célèbre imprimeur italien ; in-8. Très belle épreuve, tirée à 50 exempl., rare.

RUSSELL (d'après J.)

218 — Betsy in trouble. — The dog's first sight of himself. Deux pièces faisant pendants, gravées par Schiavonetti. Epreuves avec marges.

219 — The favorite Rabbit. — Tom and his pidgeons. Deux pièces faisant pendants gravées par C. Knight. Belles épreuves imprimées en couleur. Marges.

220 — The favorite rabbit. — Tom and his pidgeons. Deux pièces faisant pendants gravées par C. Knight. Belles épreuves, marges.

SAINT-AUBIN (Aug. de)

221 — *Amédée* (Victor), Roi de Sardaigne ; in-fol. ovale (E. B. 2). Très rare épreuve du 1er état à l'eau-forte pure, avant l'entourage.

222 — *Molé* (Fr. R.), acteur ; in-4. Belle épreuve, marges.

223 — *Necker* (Jacques) d'après Duplessis, pet. in-fol. (E. B. 196). Epreuve du 4e état, encadrée.

SAY (W.)

224 — The Road Side, d'après W. Owen. Très belle épreuve en couleur. Marges.

SAYER (Rob.)

225 — Charming Sue, gravure à la manière noire ; in-8 Belle épreuve.

SCHALL (d'après)

226 — The Motherly Fright, par Schenker. Belle épreuve imprimée en bistre et en couleur, marges.

227 — L'Amant surpris, par Descourtis. Epreuve en couleur de la reproduction.

SCHMIDT (G. Fr.), **WILLE** (J. G.)

228 — *Le Cat* (Cl. Nic.). - *Parrocel* (Joseph). — *La Mettrie* (De). — *Schmidt* (Mme). Quatre portraits in-8 et in-4. Belles épreuves.

SERGENT

229 — The Day's Folly. Très belle épreuve en couleur. Marges.

SIMONAU (d'après)

230 — Il n'est plus temps, par Benossi. Très belle épreuve imprimée en bistre, petites marges.

SMITH (d'après J. R.)

231 — The Moralist, par W. Nutter. Très belle épreuve en couleur. Grandes marges.

SPORTS (Estampes sur les)

232 -- Going to Hobby Fair, par J. L. Cruikskank. 1835. Belle épreuve.

233 — March of Intellect, n° 2. Caricature de J. L. Cruikshank. Belle épreuve coloriée.

234 — New Principles, or the March of Invention, publié par C. Hunt. Belle épreuve en couleur.

235 — Pedestrian Hobbyhorse. 1819. Belle épreuve coloriée.

236 — The New Steam Carriage, d'après G. Morton. Belle épreuve en couleur.

237 — Avenue des Champs-Elisées, jours de Long-Champ. Caricature coloriée.

238 — Le cheval emporté, en omnibus. (Musée Grotesque n° 65). Belle épreuve coloriée.

239 — Nouveaux modèles de voitures, dessinés par Duchesne. Lithog. de G. Engelmann. Epreuve avant la lettre. (Quelques restaurations).

240 — Les voitures de Paris. Suite de seize lithographies in-4 de Lœillot-Hartwig. (Manque les n°s 9, 11, 15, 16).

241 — Chasse au Renard. Trois pièces gravées à la manière noire par Vogel, d'après Turner ; in-fol. en larg. Belles épreuves.

242 — Sujets de chasse Quatre pièces en couleur, gravées par Levachez, d'après Carle et Horace Vernet. Belles épreuves (Mouillures).

STRANGE

243 — Charles Ier et Henriette Marie son épouse. In-fol., d'après Van Dyck. Belle épreuve (manquant de conservation).

TOMKINS (d'après P. W.)

244 — The Children in the Wood. Deux pièces faisant pendants, gravées par Delattre. Belles épreuves imprimées en bistre. Grandes marges.

TOUZÉ (d'après)

245 — Les Amusements dangereux, par Voyez le Jeune. Très belle épreuve. Grandes marges.

VERNET (Horace)

246 — Vingt fables de Lafontaine, illustrées par Horace Vernet. *Paris*, *Aubert*, *s. d.*, (manque la pl. 20e).

VEYRASSAT (J.)

247 — L'Abreuvoir. — Le calme après la guerre. 2 p. sur la même feuille (H. B. 54, 56). Belle épreuve sur papier du Japon.

VOGEL (Bernardy

248 — *Kupezky* (Joh.). — *Bartholomeus* (St). — Les Buveurs. — Musiciens. Quatre pièces in-4 gravées à la manière noire d'après J. Kupezky. Belles épreuves.

WALKER (W.)

249 — Diana and Calisto, d'après Fr. Le Moine. — Sir Balthazar Gerbier and his Family, d'après Van Dyck. Deux pièces in-fol. Belles épreuves, marges.

WALTNER (Ch. A.)

250 — La mise au tombeau, d'après Van Dyck, in-4 (H. B. 22). Belle épreuve avant la lettre sur papier du Japon.

WATSON (Caroline)

251 — Contemplation, d'après Sir Joshua Reynolds. Très belle épreuve, marges.

WATTEAU (d'après Ant.)

252 — Les Charmes de la vie, par P. Aveline (117). Très belle épreuve avant toutes lettres. (Collection de Goncourt).

253 — La Finette, par B. Audran (83). Très belle et rare épreuve avant toutes lettres. (Collection de Goncourt).

254 — Le Qu'en dira-t-on. — Le Petit sabotier. — Le Rendez-vous. — La rêveuse. Quatre pièces in-4 par Aveline, Crépy et Audran. Belles épreuves.

WEIS (David)

255 — *Marie Clémentine*, Archiduchesse d'Autriche, Princesse Royale-héréditaire de Naples et de Sicile ; in-4, d'après W. Kieninger. Belle épreuve en bistre, grandes marges.

WILLE (J. G.)

256 — *Massé* (J.-B.), d'après L. Tocqué ; in-fol. Belle épreuve.

HANDE IMPRIMERIE DU CENTRE. — HERBIN, MONTLUCON

www.ingramcontent.com/pod-product-compliance
Ingram Content Group UK Ltd.
Pitfield, Milton Keynes, MK11 3LW, UK
UKHW021033260726
13994UKWH00005B/2130

9 782329 508030